# ¿Adónde va el agua?

William Anton

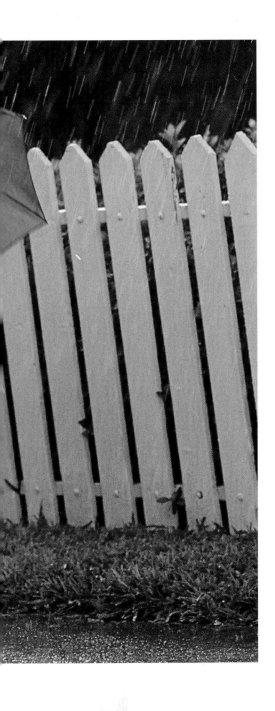

¡Está lloviendo!
Hay muchos
charcos.

3

Es divertido saltar en los charcos, pero los charcos se secan. Entonces unas gotitas suben por el aire. Es el vapor de agua.

A veces puedes ver el vapor
en el aire.
La niebla sobre este lago es vapor.

Lo que sale de
esta caldera es
vapor.

Las nubes están
hechas de vapor.

El aire absorbe más y más agua.
Las nubes se hacen más grandes.

Estas nubes grandes y oscuras
tienen mucho vapor de agua.

¿Qué pasará?

El vapor se convierte
en agua otra vez.
Cuando hace frío,
se convierte en nieve.

Cuando hace calor,
se convierte en lluvia.

# El ciclo del agua

Las nubes se hacen grandes.

Se forman las nubes.

El agua se convierte en vapor y sube por el aire.

¡El agua
es fascinante!

# Índice